Tiki

gezeichnet & geschrieben von Werner Tiki Küstenmacher

TIKIS EVANGELISCH-KATHOLISCH-BUCH

verlegt bei

Calwer (evangelisch) und Pattloch (katholisch)

Die Deutsche Bibliothek – CIP-Einheitsaufnahme

Küstenmacher, Werner:
[Evangelisch-katholisch-Buch]
Tikis Evangelisch-katholisch-Buch : zusammen
sind wir unschlagbar / Werner Tiki Küstenmacher. – Augsburg : Pattloch ;
Stuttgart : Calwer Verl., 1996
ISBN 3-629-00246-3 (Pattloch) Pp.
ISBN 3-7668-3350-2 (Calwer Verl.) Pp.

Gedruckt auf chlorfrei gebleichtem Papier.

Pattloch Verlag, Augsburg

Druck und Bindung: Proost, Turnhout
Printed in Belgium

ISBN 3-629-00246-3 (Pattloch)
ISBN 3-7668-3350-2 (Calwer Verlag)

Und zwar für beide: evangelisch und katholisch!
Schade. Ich mag Reli ganz gern.
Na, dann haben wir viel Zeit für den Heimweg. Zu Hause ist bei mir noch keiner.
Bei mir auch.
Komm, wir gehen mal in meine Kirche rein.
Au ja, da war ich noch nie drin. Aber ist die denn jetzt offen?
KATHOLISCHE PFARREI ST. FRANZISKUS
Klar, katholische Kirchen sind meistens offen.
Aber ich glaube, da ist gerade Gottesdienst. Ich sehe Kerzen brennen.

Vor dem Bild von Maria brennen praktisch immer Kerzen. Man zündet sie an, wenn man Gott um etwas bittet.
Ich will auch eine anzünden.
Hoppsala, die kosten ja was.
Ich koste nix!
KERZE DM 1.-
Hast du was gesagt?
Ich? Nein.
Aber ich!
KERZE DM 1.-
Hä? Eine Kerze spricht?
Langsam sollten Kinder mich eigentlich kennen! Nun holt mich schon hier raus.
Du scheinst hier den wenigsten Durchblick zu haben.
Ich bin ja auch evangelisch.
Echt?! Endlich jemand, dem ich alles erzählen kann, was ich weiß!

Uns Kerzen geht es wie euch Menschen: Wir können uns nicht selber anzünden. Und wenn wir nicht brennen, sind wir tot.
Ich verstehe.
Hurra! Ich habe eine Entzündung!
Befreit euch von euren Schulmappen! Wir haben eine große Reise vor uns.
Ich wette, ihr wißt nicht einmal, warum es verschiedene Kirchen gibt.
KATHOLISCHE KIRCHE ST. FRANZISKUS
EVANGELISCHE GEMEINDE ST. LUKAS
N-N-Nein. Aber können wir das nicht auf dem Boden klären?

Ach was. Wir reisen durch Zeit und Raum...
GO TO 44 n. Chr.
...in die Zeit, als die Kirche gerade entstand.
Jerusalem
Da wären wir. Hört leise zu!
Jesus ist gerade erst vor ein paar Jahren in den Himmel gefahren, und schon streitet ihr euch!
Mit Recht! Jesus war Jude, wir auch. Bevor ein Heide Christ wird, muß er erst Jude werden!
Aber nein! Jesus hat doch **Freiheit** gepredigt! **Jeder** kann zu ihm kommen!
PETRUS
Original Jesus-Jünger
(Jerusalem)
PAULUS
Reisemissionar
(Rest der Welt)

Puh, das fängt ja nicht gerade friedlich an.
Wir sind auch zu einem besonders beknifflichen Moment gekommen.
Haben die gleich zwei verschiedene Kirchen gegründet?
Beinahe. Aber ein paar Jahre später haben die Römer Jerusalem zerstört...
Judenchristen (in Jerusalem)
Heidenchristen
...und dadurch gab es fast nur noch Paulus-Anhänger.
Heidenchristen
Aus denen wurde dann die große Kirche?
Langsam, langsam. Es waren kleine Gemeinden, aber ständig wurden es mehr.
Immer wieder wurden Christen hingerichtet, weil sie den römischen Kaiser nicht als Gott anbeteten.
Rom
Philippi
Thessalonich
Sinope
Amastris
Kolossä
Ephesus
Antiochia
Athen
Korinth
Tarsus
Knossos
Tyrus
Cyrene
Alexandria
Jerusalem
Römisches Kaiserreich
Märtyrer („Blutzeuge")
Jemand, der bereit ist, für seinen Glauben zu sterben.

Doch dann geschah das Unfaßbare: Der römische Kaiser Konstantin bekehrte sich zum christlichen Glauben...
313 n. Chr.
„In diesem Zeichen wirst du siegen."
Chi Rho
Anfangsbuchstaben von Christus
...und das Christentum war erlaubt! Römische Politik und christliche Kirche vermischten sich.
Ist das schlimm?
Jesus hätte das wohl nicht sehr gut gefunden.
POLITIK
Eine Religion
KAISERKULT
CHRIST
KIRCHE
Eine Religion
NICHTCHRISTLICHE RELIGIONEN
Ein Kaiser
Ein Papst
Ein Weltreich
ROM
Eine katholische (= alles umfassende) Kirche
ROM
Siehst du: Unsere katholische Kirche war eher da als eure!
Hatten die gleich von Anfang an einen Papst?

Zuerst war es einfach der Bischof von Rom. Allmählich entstand die Idee, daß dieser Bischof der Oberste der gesamten Kirche ist.
ROM
ROM
Dazu kam: Kaiser Konstantin gab seinem Reich eine neue, christliche Hauptstadt und zog nach Osten.
ROM
KONSTANTIN-OPEL (heute Istanbul)
„WESTROM"
„OSTROM"
UMZUGS-KARTON
Die Macht des weströmischen Reiches ging zu Ende...
ROM
476
KONSTANTINOPEL
...und die Kirchen in Ost und West gingen getrennte Wege...
Orthodox heißt **rechtgläubig**!
Römisch-katholische Kirche
Griechisch-orthodoxe Kirche
Katholisch heißt für **alle**!
...bis es zur totalen Scheidung kam.
1054
ROM
KONSTANTINOPEL
Dann sind wir Evangelischen gar nicht die erste Abspaltung?

Nein. Da reisen wir 500 Jahre weiter.
Amerika ist gerade entdeckt.
Große Unterschiede von arm und reich.
Angst vor Hölle und Weltuntergang.
Nur 10 Goldtaler: 1000 JAHRE WENIGER HÖLLENSTRAFEN!
Papst und Bischöfe leben in Saus und Braus, die römische Kirche braucht Geld. Da verkauft sie „Ablaßbriefe".
Original PAPST®
in Zusammenarbeit mit Ihrem Bankhaus FUGGER
Sobald das Geld im Kasten klingt, die Seele aus dem Fegefeuer springt!
Das darf doch nicht wahr sein!
Das sagte auch der Augustinermönch und Theologieprofessor Martin Luther. Er veröffentlichte in Wittenberg:
GO TO 31. OKT. 1517
95 Thesen gegen den Ablaß
Ach wo. Ich will keine neue Kirche. Ich will, daß sich die alte Kirche erneuert.
Steht da drauf, daß du jetzt eine evangelische Kirche gründen willst?
Aber es kam eben anders.
Schloß-Kirchenmaus

Mir reicht's! Ich fordere außerdem:
Nur die **Heilige Schrift**
alte Bräuche
Legenden
mündliche Überlieferung (Tradition)
Allein aus **Gnade** spricht Gott den Menschen frei von Schuld.
GRATIS
Gute Werke
Geld
Ablaßbriefe
Allein durch den **Glauben**
Gesetze
Zwang
Angst
Das heißt: Vertrauen darauf, daß Christus **wegen mir** gestorben und auferstanden ist.
Währenddessen in Rom:
Heiliger Vater, das sind gefährliche Gedanken!
Ach was, Mönchsgezänk! Außerdem dürfen wir die Deutschen nicht verärgern.
95
LEO X.
Aber gerade die Deutschen hätten gerne eine Kirche ohne Papst!
Hm, stimmt. Na gut, machen wir einen Ketzerprozeß gegen diesen Luther. Aber schön vorsichtig!

So ging das Spiel weiter:
START
1517
95
Disputation in Leipzig
1518
LUTHER
ECK
In der Bibel steht nichts vom Fegefeuer!
Es ist göttliches Gesetz, der Kirche zu gehorchen!
KATHOLIKEN 1 FELD VOR
Luther verfaßt seine wichtigsten Bücher
1520
ALLE CHRISTEN SIND PRIESTER!
EHE
KRANKEN-SALBUNG
PRIESTER-WEIHE
FIRMUNG
BUSSE
TAUFE
EUCHARISTIE (ABENDMAHL)
1520
Nimm Zwei! (statt 7 Sakramente)
LUTHERANER 2 FELDER VOR
REFORMATION
Der Jesuitenorden gewinnt viele Katholiken zurück
Gegen-Reformation
1571 usw.
LUTHERANER 2 FELDER ZURÜCK
Seel-sorge
Exer-ziti-en
Schulen
Höhepunkt der Reformation
70% aller Deutschen sind lutherisch
1570
Bauern sind Räuber! Und Gotteslästerer!
Konzil von Trient zu Ende
1563
Die Zustände in der katholischen Kirche bessern sich.
KATHOLIKEN 1 FELD VOR
0:0
Unentschieden: Die Fürsten dürfen die Religion ihrer Untertanen bestimmen.
Gottesdienst auf deutsch, mit Luther-Songs!
Dieser Dom ist LUTHERISCH!
1525
Luthers Tod
1526 usw.
Luther hält zur Obrigkeit (und verliert überall viel Ansehen)
LUTHERANER 4 FELDER ZURÜCK
1555
1546
Augsburger Religions-friede
Die Reformation breitet sich aus
LUTHERANER 4 FELDER VOR
Wir sind Bettler, das ist wahr.
Luther-Schule
Kate-chismus
BESTSELLER! Christlicher Glaube, verständlich geschrieben!

Streng genommen gibt es nur zwei sichtbare Zeichen Gottes. Die anderen stehen nicht in der Bibel.
Androhung des Banns
1520
Päpstliche Bulle
Alle Schriften Luthers sind sofort zu verbrennen!
KATHOLIKEN 3 FELDER VOR
1520
Dann verbrenne ich gleich mal eure Bulle!
LUTHERANER 3 FELDER VOR!
Luther bleibt hart
Bann
1521
Ausgestoßen aus der Kirche! Dein Kaiser darf dich zum Tod verurteilen!
Reichstag in Worms
1521
Hier stehe ich, Gott helfe mir. Amen.
Luther, du bist geächtet. Aber i geb dir a freies Geleit.
KARL V.
OPOLY
Die rettende Entführung
1521
Luthers Landesherr läßt Luther zum Schein überfallen und bringt ihn auf die Wartburg.
Bibel für alle!
1522
Verständliches Deutsch!
Auf der Wartburg übersetzt Luther das Neue Testament.
ALLE CHRISTEN 5 FELDER VOR
1524
Kutte ade!
Luther erklärt sein Mönchsgelübde für ungültig.
KATHOLIKEN 2 FELDER VOR
1525
Hiermit (er)finde ich die Pfarrfrau!
Ehelosigkeit ade!
Luther heiratet die ehemalige Nonne Katharina von Bora
1525
Bauernkrieg
für die Freiheit von uns Christenmenschen!
ALLE MÜSSEN 3 FELDER ZURÜCK

Luther, Luther, Luther! Das war ja wohl euer Superstar!
Gerade wollte ich erzählen, daß er nicht der einzige Erneuerer der Kirche war.
Johannes Calvin und Ulrich Zwingli nahmen sich die Kirche in der Schweiz vor.
ZWINGLI IN ZÜRICH
CALVIN IN GENF
Denen ging Luther nicht weit genug:
Was nicht in der Bibel steht, muß verschwinden!
Verschwinden muß nur, was der Bibel widerspricht!
Danke!
BILDER
BIBLIA
ALTÄRE
Sogar die Kerzen!
REFORMIERTE
LUTHERANER
PAPST
ZÖLIBAT
MÖNCHTUM
FEGEFEUER
Durch den Augsburger Religionsfrieden entstanden in Deutschland evang., kathol. und reformierte Gebiete. Das merkt man bis heute.
Na gut. Ab und zu eine Kerze.
Wo wohnen wir?
Seit dem 19. Jahrhundert haben sich Reformierte und Lutheraner zusammengetan zur „unierten" Kirche.
Na also!
lutherisch
reformiert (heute: uniert)
katholisch

Am wichtigsten ist für uns die Taufe mit dem **Heiligen Geist!**
Wir gelten als „die Mitte der Konfessionen."
Pfingstler
Alt-katholiken
1870
Wir taufen nur Menschen, die sich **selbst** für Jesus entscheiden!
1870
Wir sind gegen das Dogma von der Unfehlbarkeit des Papstes!
Methodisten
Baptisten
1744
1633
Anglikanische Kirche
Erlösung wird nicht nur vermittelt durch Predigt und Abendmahl, sondern auch durch Bilder und den gesamten Gottesdienst!
Lutheraner
Wir sind noch ziemlich katholisch, aber ohne Papst!
Reformierte
Römisch-katholische Kirche
IKONE
1517
Die Kirche spaltet sich immer weiter, als wär's eine ansteckende Krankheit!
Wir sind die ältesten Kirchen.
Orthodoxe Kirchen
Ist aber auch ein alter Baum!
Zu den Ästen sagt man auch **Konfession** (=Bekenntnis).
Armenische Kirche
Koptische Kirche
1054
536
300
DER GROSSE KIRCHENBAUM CHRISTI
Haltet euch fest! Wir tauchen in eine andere Dimension – in das Element, das alle diese Äste gemeinsam haben!

Wo sind wir?!
Unter Wasser!
Alles Leben kommt aus dem Wasser. Das gilt auch für die Religion.
Das Wort „Taufe" kommt von „tauchen". Das ist der Eingang zum Christsein: Der alte Mensch wird ersäuft...
...und aus dem Wasser gerettet zu werden, bedeutet: Neues Leben!
Aber echt!
?
Deswegen hat Jesus seinen Jüngern den Auftrag gegeben:
Da ist Licht!
Macht alle Menschen zu meinen Jüngern, tauft sie auf den Namen des Vaters, des Sohnes und des Heiligen Geistes, und lehrt sie meine Gebote.
Matthäus 28, 19+20
Ich bin evangelisch getauft.
Und ich katholisch!
Das gibt es eigentlich nicht. Die Taufe wird von **allen** Kirchen gegenseitig anerkannt.
Ich bin das **ökumenische** Sakrament.
Und frei! Man braucht nicht unbedingt einen Priester. Im Notfall darf jeder Christ taufen.
NOTTAUFE

Wer glaubt und getauft wird, der wird selig werden.
aus dem Gottesdienst
Als Baby hab ich doch noch gar nicht geglaubt.
Aber deine Eltern.
Später sollt ihr dann eure Taufe bestätigen.
KONFIRMATION
JA meine Taufe war OK
FIRMUNG
DANKE, MA! DANKE, PA! DANKE, J.C.!
Hatte Luther die Firmung nicht durchgestrichen?
Weil sie nicht in der Bibel steht. Aber wichtig fand er sie schon.
Warum läßt man sich nicht einfach mit 13 nochmal taufen?
Weil das heißen würde: Die erste Taufe war nichts wert.
Nr. 1
Nr. 2
Ich bin unwiederholbar!
Und ich bin sein kleiner Bruder!
Ja. Bekreuzigen mit Weihwasser soll euch an eure Taufe erinnern.
Dich gibt's aber nur in katholischen Kirchen.
Luther hat sich auch bekreuzigt. Das hab ich gesehen!
Ich bin getauft...
1
2
...im Namen des Vaters...
3
...und des Sohnes...
4
...und des Heiligen Geistes.
5
Amen!

Das zweite superwichtige Sakrament ist die Eucharistie.
Wir sagen dazu „Abendmahl."
Hier gibt es aber Unterschiede, oder?
Und ob!
Brot (Hostien)
Wein
reformiert
lutherisch
katholisch
Brot und Wein sind...
...nur Symbole und Erinnerungszeichen.
...wirklich Leib und Blut Christi. Aber erst, wenn sie jemand verzehrt, der das glaubt.
...wirklich Leib und Blut Christi. Aber erst, wenn der Priester die Einsetzungsworte gesprochen hat.
In der katholischen Messe ist dies der zentrale, wichtigste Moment.
Deshalb soll er (wie Jesus) ein unverheirateter Mann sein, der eine besondere Weihe erhalten hat.
Die Priesterweihe.
Der Priester stellt dabei Christus dar.
Darf bei den Evangelischen jeder Abendmahl halten?
Nein, nur Pfarrerinnen und Pfarrer. Aber nicht, weil sie Christus darstellen, sondern wegen der „guten Ordnung."

Bei der Eucharistie in der Katholischen Kirche entsteht ein Problem: Wenn gewandelte Hostien übrigbleiben, bleiben sie ja Leib Christi.
Und, was geschieht mit denen?
Die kommen in so einen heiligen Schrank.
Das Tabernakel („heiliges Zelt").
Ich bin das „Ewige Licht" und zeige an, daß gewandelte Hostien da drin sind.
Wenn wir Katholiken eine Kirche betreten, machen wir deswegen eine Kniebeuge.
Ach, drum!
Am Fronleichnamsfest wird die gewandelte Hostie sogar durch den Ort getragen.
Das ist ein Fest, das haben nur wir.
Stark. Die volle Jesus-Demo!
Kommt, ich zeig euch was Komisches.

In unserer Gemeinde darf keiner einen Bart haben!
Wir nehmen nur Nichtraucher!
Sonntags predigen wir immer über den kleinen Prinzen.
Statt Brot und Wein nehmen wir Hamburger und O-Saft...
Wir glauben an Bäume!
Wir machen keine Taufe, sondern Bungee-Jumping!
Solche Kirchen gibt es doch gar nicht!
Ich übertreibe etwas. Aber die Frage ist: Woran erkennt man eine **richtige** christliche Kirche?
1. Die richtige Austeilung der **Sakramente**
2. Die Übereinstimmung mit dem **Neuen Testament**
Nirgends kommen wir dem Willen Jesu näher.
DIE BIBEL
Nr. 1 und 2 sind ok.
Bei uns kommt noch etwas dazu:
3. Die Tradition („das Überlieferte")
evang.
kathol.
Das, was immer und von allen geglaubt wurde.
Heilige
Der Schatz von Erfahrungen
KIRCHEN VÄTER
Feste
Feiertage
Bräuche
Aber die Evangelischen haben doch auch Traditionen.
Ja, zum Beispiel, was die Pfarrer anhaben. Darüber steht doch bestimmt nichts in der Bibel.
Da habt ihr recht.
?
BIBEL

Den Talar hat König Friedrich Wilhelm III. 1811 eingeführt.
Für die Geistlichen, die im Straßenanzug Gottesdienst hielten!
MADE IN PREUSSEN
Vorschrift:
Aber solche Traditionen müssen immer wieder überprüft werden, ob sie zur Bibel passen.
...und die Völker standen in weißen Kleidern... vor dem Lamm Gottes.
Offenbarung 7,9
BIBEL
Deswegen tragen jetzt immer mehr evangelische Pfarrer weiße Gewänder.
Genau das meinte Luther mit **Reformation** (=Erneuerung):
So gefallt ihr uns schon besser!
BIBEL
LUTHER Aktion gegen Auswüchse
Die Kirche muß **immer wieder** reformiert werden!
Die katholische Kirche aber sagt: Schrift und Tradition sind gleichwertig.
Nach katholischer **Tradition** war Petrus der erste Bischof von Rom.
Eine besonders wichtige Tradition beruht auf einem Satz Jesu:
Du bist Petrus, und auf diesen Felsen werde ich meine Kirche bauen!
Matthäus 16,18

...und daß dieses Amt ohne Unterbrechung durch Handauflegung weitergegeben wurde...
...bis heute! Das nennt man „apostolische Sukzession", also „Nachfolge der Jünger".
Petrus
Pius
Anicetus
Soter
Eleutherus
Viktor
Zephyrinus
Kallistos
Urban
Johannes Paul II.
Dazu braucht man besondere geistliche **Ämter**. Und ein Sakrament, bei dem sie weitergegeben werden: die **Weihe**.
Bischof von Rom = Papst
Bischofsweihe
Priesterweihe
Diakonenweihe
Die gibt es in drei Stufen, und so entsteht ein perfektes System:
Bischöfe
Priester
Diakone
Gemeinde
HIERARCHIE („heilige Herrschaft")
Sind ja nicht gerade viele Frauen dabei...
Da arbeiten wir dran. Wart nur ab!
Luther war ein Gegner dieser Hierarchie.

Bei euch gibt es ja auch Pfarrerinnen.
Ja. Es hat aber lange gedauert, bis evangelische Gemeinden das erlaubt haben.
Du bist also etwas typisch Evangelisches?
Das kann man wohl sagen!
Bei der Sukzession bewegen sich die Konfessionen aufeinander zu. Die Lutheraner haben seit 1919 wieder Bischöfe, und viele achten auf die Sukzession.
Bischof aus Schweden
Wie das denn?
Während der Reformation wurden in Skandinavien auch Bischöfe evangelisch. So ist dort die Sukzession nie abgerissen.
Schlau!
Mir gefällt das. Dadurch ist die Kirche irgendwie direkt verbunden mit Jesus und seinen Jüngern.
Stimmt. Um das zu zeigen, gibt es in fast jeder katholischen Kirche 12 Apostelkreuze.
Die such ich! Das ist ein gutes Spiel.

Hoppla, was ist denn das für ein Kasten?
Der Beichtstuhl.
Da müßt ihr Katholiken immer rein und eure Sünden beichten.
Aber die Beichte (das Sakrament der **Buße**) gibt es auch bei euch!
Hm, Luther hatte „Buße" doch nur eingeklammert.
Buße
Weil es da kein sichtbares Zeichen gibt, sondern nur ein Wort:
Deine Sünden sind dir vergeben.
Matthäus 9,2
Jesus hat die Menschen von Schuld befreit. Das ist eine seiner größten Taten.
Dazu braucht man doch aber nicht so eine Kiste.
Nein. Das Beichtgespräch mit dem Priester kannst du auch woanders führen.
Der Beichtstuhl hat den Vorteil, daß du dein Gesicht nicht zeigen brauchst.
Entscheidend ist, daß du dir nicht selber die Last abnehmen kannst; sondern daß das ein anderer tut, im Namen Gottes.

GLAUBEN
BARMHERZIGKEIT
10 GEBOTE
MUT
LIEBE
GOTTVERTRAUEN
GEDULD
Puh! Ob ich das alles jemals schaffe?
Vielleicht helfen dir **Vorbilder**: Männer und Frauen, die ihren Glauben in ganz besonderer Weise gelebt haben.
Ah ja, die Heiligen!
Manche kenne ich auch.
Nach dem bin ich benannt!
Hildegard von Bingen
Franz von Assisi
Martin von Tours
Elisabeth von Thüringen
Benedikt von Nursia
und über 1000 andere
Viele haben ihren mutigen Glauben mit dem Leben bezahlt.
Ohne sie wäre die Kirche vielleicht untergegangen.
Zum Zeichen dafür ist im Altar einer katholischen Kirche ein Stück Knochen eines Heiligen eingemauert.
Eine „**Reliquie**".
Bißchen gruselig, oder?
Früher haben die Christen manchmal mehr zu den Heiligen gebetet als zu Gott.
Deswegen habe ich die Heiligenbilder aus den Kirchen schaffen lassen!
Heutzutage dürfte die Heiligenverehrung aber kein großes Hindernis mehr sein, oder?

Eine besondere Stellung unter allen Heiligen hat Maria, die Mutter Jesu.
Bei euch doch auch, oder?
?
Viele Evangelische sehnen sich nach der weiblichen Seite Gottes...
... aber die katholische Marienfrömmigkeit lassen sie dabei weg.
unbefleckte Empfängnis
Marias Himmelfahrt
Ave Maria
Rosenkranzgebet
nur für Katholiken
Na ja, vieles bei euch ist mir fremd. Vor allem beim Gottesdienst.
Das liegt wahrscheinlich daran:
Bei der katholischen Messe immer dabei, bei Evangelischen etwa einmal im Monat.
Bibel küssen
Ministranten
Gewänder
teilweise andere Lieder
Klingel
Weihrauch
Kreuz schlagen
Kniebank
Kniebeuge
Danke, daß du Schuld vergibst!
5 Gloria
Herr, erbarme dich!
4 Kyrie
Das alles, Gott, bringen wir an Lasten mit...
Der Ablauf des Gottesdienstes kann aber bei beiden Konfessionen verblüffend gleich sein. Mit der Zeitmaschine rasen wir mal durch.
2 Buße
Eingangsteil
START
1 Einzug und Begrüßung

3 Psalmgesang (Introitus)
Jauchzet dem Herrn, alle Welt...
6 Gebet
...Amen.
Wortteil
Ich glaube an Gott...
7 Lesungen
Wir predigen gleich hier, vom Lesepult aus.
8 Glaubensbekenntnis
9 Predigt
Bei uns ist die Predigt sehr wichtig. Deshalb stelle ich mich dazu auf die Kanzel.
Sakramentsteil
Gabengebet
Du schenkst uns das Brot...
Präfation (feierliches Lobgebet)
Es ist würdig und recht...
Sanctus
Heilig, heilig, heilig!
Einsetzungsworte
Das ist mein Leib...
Geheimnis des Glaubens
Deinen Tod, o Herr, verkünden wir...
Gebet
Vater unser...
Friedensgruß
Friede sei mit dir!
Christe, du Lamm Gottes...
Austeilung
Dankgebet
Segen
Ist das echt alles so ähnlich?!
Da könnten wir doch gleich zusammen feiern.
Na ja, Vorsicht. In vielen Teilen von Deutschland wird der evangelische Gottesdienst sehr verkürzt. Aber möglich wäre vieles!

Ach, es ist soo vieles in beiden Konfessionen gemeinsam...
...das nennt man dann „ökumenisch".
ÖKUMENE = „der ganze Weltkreis"
Was uns verbindet, ist viel stärker als das, was uns trennt!
(Papst Johannes XXIII.)
Was ist denn wirklich „ökumenisch"?
Zum Beispiel die Bibel!
UNSER FUNDAMENT
Ihr müßt nur wissen: Diese 7 spätjüdischen Schriften hat Luther in seine Übersetzung nicht hineingenommen.
...und am Ende des Neuen Testaments hat er zwei Briefe umgestellt:
Tobit
Judit
Weisheit
Baruch
1.+2. Makkabäer
Jesus Sirach
Deuterokanonische Bücher („Apokryphen")
kathol.:
Philemon
Hebräer
Jakobus
1.+2. Petrus
1+2+3. Johannes
Judas
evang.:
Philemon
1.+2. Petrus
1+2+3. Johannes
Hebräer
Jakobus
Judas
Ein schwieriges Thema ist allerdings, wenn zwei aus verschiedenen Konfessionen heiraten.
Meine Eltern sind evangelisch und katholisch.
Meine auch!
Und? Wie geht das dann?

Der evangelische Partner kann sich nach katholischem Ritus trauen lassen.
Der katholische Partner aber braucht offiziell eine Genehmigung, um in einer evangelischen Kirche zu heiraten.
Sind Sie sich bewußt, daß Sie die Pflicht haben, Ihre Kinder in der katholischen Kirche taufen zu lassen imd im katholischen Glauben zu erziehen?
DISPENS
Deine Eltern haben sich aber nicht daran gehalten!
Können das nicht beide Pfarrer gemeinsam machen?
Es gibt eine Trauung in einer evangelischen Kirche mit Beteiligung eines katholischen Pfarrers...
...und umgekehrt. Eine echt ökumenische Trauung gibt es leider nicht.
Trotzdem: Solche Ehen wie die eurer Eltern gefallen mir.
Warum denn?
Weil sie uns meinem Traum näher-bringen...

Ich träume vom gemeinsamen evangelisch-katholischen Religionsunterricht.
Super Idee!
Frau Kollegin, dann wird unser Fach so eine Art ...Mischehe?!
Ich habe einen Traum!
GOTO ZUKUNFT
Ich träume von echten ökumenischen Trauungen.
Und unsere Kinder erziehen wir evangolisch...
...oder kathelisch!
Ich träume, daß es auch verheiratete Priester gibt.
Bald wird er noch von Priesterinnen träumen!
Das will ich auch hoffen!
Ich träume vom ersten katholisch-evangelischen Konzil.*
Mal unter uns: Wir müssen das machen, weil uns sonst die Leute davonlaufen.
Ganz im Vertrauen: Bei uns ist es genauso.
Und wer träumt von mir?
* Eine Versammlung der allerobersten Kirchenleute

Ich träume davon, daß die Konfessionen voneinander lernen.
Ihr habt recht: Die Bibel muß das A und O für uns Christen sein!
Ihr habt recht: Unser Herz braucht Sakramente und Heilige, wie etwa Maria!
Die katholische Kirche hat sich **unumkehrbar** dazu verpflichtet, den Weg der Suche nach der Ökumene einzuschlagen.
(Papst Johannes Paul II.)
Ich träume **nicht** von einer künstlich zusammengeflickten Kirche.
Gott sei Dank!
Ich träume davon, daß alle gerne in die Kirche gehen.
Ich träume von einem Fest unter den Zweigen der große alten Bäume...
... dem Fest der gemeinsamen Eucharistie!
Ich bin froh, daß ich hier dazugehöre!
Ist ja proppenvoll hier!
FAHRKARTEN ZUM EVANGELISCHEN KATHOLIKENTAG

Ich glaube

an Gott, den Vater, den Allmächtigen,
den Schöpfer des Himmels und der Erde

und an Jesus Christus,
seinen eingeborenen Sohn, unseren Herrn,
empfangen durch den Heiligen Geist,
geboren von der Jungfrau Maria,
gelitten unter Pontius Pilatus, gekreuzigt, gestorben und begraben,
hinabgestiegen in das Reich des Todes,
am dritten Tage auferstanden von den Toten,
aufgefahren in den Himmel;
er sitzt zur Rechten Gottes, des allmächtigen Vaters,
von dort wird er kommen, zu richten die Lebenden
und die Toten.

Ich glaube an den Heiligen Geist,

die heilige katholische / christliche

Kirche, Gemeinschaft der
Heiligen, Vergebung der Sünden,
Auferstehung der Toten
und das ewige Leben.

Amen.

Tiki
Tiki
Tiki